DISCARD

¡Curiosidades graciosas de los

ABDO
Scan
to
Read

¡Curiosidades graciosas de los animales!

Grace Hansen

Abdo
VER PARA CREER
Kids

abdopublishing.com

Published by Abdo Kids, a division of ABDO, PO Box 398166, Minneapolis, Minnesota 55439.

Copyright © 2017 by Abdo Consulting Group, Inc. International copyrights reserved in all countries.
No part of this book may be reproduced in any form without written permission from the publisher.

Printed in the United States of America, North Mankato, Minnesota.

052016

092016

THIS BOOK CONTAINS
RECYCLED MATERIALS

Spanish Translator: Maria Puchol, Pablo Viedma

Photo Credits: iStock, Shutterstock

Production Contributors: Teddy Borth, Jennie Forsberg, Grace Hansen

Design Contributors: Laura Rask, Dorothy Toth

Publishers Cataloging-in-Publication Data

Names: Hansen, Grace, author.

Title: ¡Curiosidades graciosas de los animales! / by Grace Hansen.

Other titles: Animal facts to make you smile!. Spanish

Description: Minneapolis, MN : Abdo Kids, [2017] | Series: Ver para creer |
Includes bibliographical references and index.

Identifiers: LCCN 2016934911 | ISBN 9781680807684 (lib. bdg.) |
    ISBN 9781680808704 (ebook)

Subjects: LCSH: Animals--Miscellanea--Juvenile literature. | Curiosities and
    wonders--Juvenile literature. | Spanish language materials--Juvenile literature.

Classification: DDC 590--dc23

LC record available at http://lccn.loc.gov/2016934911

Contenido

La hora del baño

¡Las jirafas se limpian la nariz y las orejas con su propia lengua súper larga!

Mal aliento

¡Algunas tortugas pueden

respirar por su trasero!

7

Nombres graciosos

Un grupo de puercoespines
en inglés se llama un "prickle".

Un grupo de jirafas se llama en
inglés una "tower".

La hora de la siesta

Las nutrias duermen agarradas de la mano. Así no se separan la una de la otra mientras flotan en el agua.

10

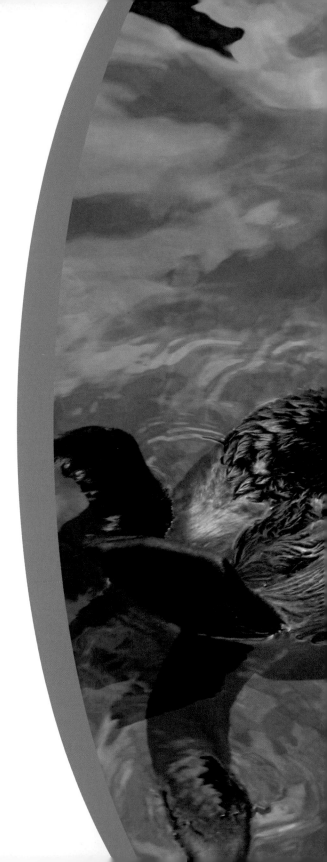

¡Qué risa!

¡Las ratas se ríen cuando se les hace cosquillas!

13

Compañeras de pastoreo

Las vacas tienen una **relación** muy cercana entre ellas. Producen más leche cuando están con su compañera preferida.

Saludos con beso

Los perros de la pradera se saludan dándose besos.

Roedores olvidadizos

Las ardillas grises entierran **bellotas**. Algunas veces se olvidan de dónde las han enterrado. De ahí saldrán árboles nuevos.

19

Juntos para siempre

Los frailecillos tienen una pareja para toda la vida. Sus crías en inglés se llaman "pufflings".

20

Más datos

- Los científicos han descubierto que las ratas, especialmente las jóvenes, se ríen cuando se les hace cosquillas. No suena como la risa de las personas. La risa de las ratas suena como pequeños chirridos.

- ¡Algunos **nombres colectivos** pueden ser graciosos! Un grupo de pingüinos se llama en inglés un "waddle". Un grupo de cebras se llama en inglés un "dazzle".

- Todos los granjeros están de acuerdo en que una vaca tranquila es una vaca feliz. Y las vacas felices producen más leche. Estar con sus compañeras preferidas las hace felices. También se ha **comprobado** que están felices con música tranquila.

Glosario

bellota – fruto de los robles.

comprobado – demostrar algo como cierto usando evidencia.

nombre colectivo – nombre que se da a un grupo de personas o cosas.

relación – amistad basada en sentimientos conjuntos.

Índice

abdokids.com

¡Usa este código para entrar en abdokids.com y tener acceso a juegos, arte, videos y mucho más!

Código Abdo Kids:
SAK7310